X.3069.
C.2.

(par l'abbé Christin le Roy)

LE SECRÉTAIRE

DE L'AMI

DE PROVINCE

A l'Auteur des deux Lettres sur les deux Oraisons Funebres de Louis XV;

L'une par M. l'Abbé de Boismont, l'autre par M. l'Evêque de Senez.

A GENEVE,

Et se trouve A PARIS,

Chez G. DESPREZ, rue Saint-Jacques.

M. DCC. LXXIV.

LE SECRÉTAIRE
DE L'AMI DE PROVINCE

A l'Auteur des deux Lettres sur les deux Oraisons Funebres de LOUIS XV; l'une par M. l'Abbé de Boismont, l'autre par M. l'Evêque de Senez.

Nous n'avons reçu, Monsieur, que fort tard vos deux Lettres ; l'une sur l'Oraison Funebre du Roi par M. l'Abbé de Boismont, l'autre sur celle que M. l'Evêque de Senez a prononcée à S. Denis ; elles sont adressées à un ami de Province. A la fin de la premiere, vous *l'invitez à vous répondre publiquement, comme* vous lui *écrivez, &, si ses occupations vous privent de cet avantage, que le desir* de votre *instruction sollicite,* vous *ne doutez pas que quelqu'un de ses Secrétaires, plus habile que vous; ne s'en charge très-volontiers....* C'est bien de la modestie de votre part, Monsieur, de recourir à nous autres Provinciaux pour recevoir des instructions ; nous qui n'en attendons que de la Capitale. Nous nous piquons plus ici de bon sens & de droiture, que d'esprit & d'habileté ; &, si je me détermine à tenir lieu de Secrétaire à votre ami, c'est plutôt pour vous marquer ce que nous aurions souhaité voir dans vos deux Lettres, que pour vous donner aucune instruction.

Avant que vos Lettres parvinssent jusqu'à nous, on avoit déja lu plusieurs fois ici les deux Oraisons Funebres. Ce ton de candeur & de vérité, qui plait si fort dans les anciens Grecs, Romains & François; ce style toujours clair, sans la moindre équivoque; ces sentiments, soit touchants, soit sublimes; cet amour pour la Patrie & la Religion; car on aime encore l'une & l'autre dans les Provinces, où l'opulence ne fait pas rougir de la nature & de la piété; cette hardiesse apostolique, tempérée par le plus grand respect pour le Roi & son auguste Famille; toutes ces qualités réunies dans le Discours de M. de Senez avoient enlevé généralement les suffrages. On loue volontiers ce que l'on entend facilement. M. l'Abbé de B. a rebuté d'abord une grande partie de ses Lecteurs; on l'a trouvé trop souvent obscur, précieux, affectant les chutes épigrammatiques & l'antithese, où il n'est pas toujours heureux: enfin quantité d'expressions nouvelles, hasardées, ou trop dures, bien des tours de phrases trop recherchés, qui ne s'entendent pas, ou qui veulent être justifiés, nous ont fait sentir encore davantage l'extrême besoin que nous avons d'un second Dictionnaire de l'Académie. (1)

Vous jugez, Monsieur, par les dispositions où nous étions tous, combien vos Lettres ont dû exciter notre curiosité; mais votre extrait de la Piece de M. de B. ne l'a pas satisfaite à beaucoup près. Nous comptions que vos remarques éclairciroient nos doutes: point du tout; vous admirez continuellement, *tout est charmant, divin, aucun mot ne vous blesse;* disons aucuns tours; si par hasard vous critiquez quelques mots, c'est avec une réserve qui suppose en vous bien de l'amitié pour M. de B., ou en lui une singuliere délicatesse. Personne cependant ne vous en a blâmé: vous voyant traiter M. de B. avec de si grands ménagements, nous nous sommes imaginés que vous montreriez, pour M. de Senez, toute l'estime qu'il mérite. Mais quel a été notre étonnement! d'admirateur outré de M. de B. vous devenez tout-à-coup pour M. de Senez un censeur plein de prévention! vous louez à peine sa Peroraison, &

___

(1) M. l'Abbé Girard, de l'Académie Françoise, nous a donné un excellent Ouvrage sur les Synonymes François; si la même Académie vouloit ajouter un Recueil de toutes les expressions & tours néologiques qui se trouvent dans les discours François les plus célebres depuis vingt ans, elle nous rendroit & à la Langue le plus grand service; car on ne s'entend plus.

tout le reste, à vous entendre, n'est que mauvaise humeur contre le Roi, les Courtisans & la Nation entiere ! Nous n'avons pu y tenir, je vous l'avoue ; tout le monde s'est écrié que vous étiez sans doute un homme de parti, quelqu'un de ces prétendus Philosophes qui frondent tout, & la Religion, & l'honnêteté ; que c'étoit une conspiration des beaux esprits contre M. de Senez : on a repris aussi-tôt les deux Pieces pour en faire un nouvel examen. Le chagrin a été d'autant plus vif, que l'on a remarqué plusieurs endroits des plus choquants, dont vous faites grace à M. de B. en vous gardant bien de les indiquer, tandis que vous prétendez les rencontrer chez M. de Senez ; en un mot, que par malignité, ce que dit M. de B., vous le faites dire à M. de Senez pour le rendre plus ridicule. Voilà, Monsieur, de grands griefs : aussi a-t-on conclu qu'il falloit que quelqu'un de la compagnie répondît à vos deux Lettres, & vous fît toucher au doigt l'injustice de vos procédés.

On a balancé quelque temps, par égard pour M. de B., que l'on ne peut soupçonner d'être d'intelligence avec vous pour déprimer M. de Senez, & lui enlever la supériorité. On lui croit l'ame trop généreuse, pour être susceptible d'une telle bassesse ; on craignoit de le mortifier par une critique un peu plus sévere que n'est la vôtre : cependant, comme véritablement il a des talents, de la force & de l'élévation dans le génie, des sentiments grands & pathétiques, une expression heureuse, quand il ne se laisse pas surprendre aux faux attraits du bel esprit, qu'il peut enfin devenir un excellent Orateur, en renonçant à certains Modernes pour imiter davantage les Anciens ; on a cru qu'il étoit nécessaire, pour sa propre gloire, comme pour celle des Lettres, de l'informer de la façon dont les gens sensés jugent de son Discours. C'est ce dont notre petite société a voulu que je me chargeasse ; je vais m'en acquitter scrupuleusement, en gardant la marche la plus naturelle. Je commencerai par vos observations sur l'Exorde de M. de Senez, p. 28 de votre Brochure, pour revenir ensuite à vos autres critiques, que je réfuterai avec toute la méthode & toute la netteté dont je serai capable.

Page 4 de votre Brochure, vous convenez, Monsieur, que le texte de M. de B. pourroit être plus analogue au sujet ; j'ajouterai moins usé. Celui de M. de Senez est tel que vous le désirez, assorti, on ne peut pas mieux, aux circonstances, & vous n'en dites rien. On nous a mandé que son Exorde sur-tout, avoit frappé beaucoup à S. Denis ; qu'il avoit même excité l'admiration d'une

Assemblée aussi respectable; nous nous flattions de nous être rencontrés avec elle; mais vous, Monsieur, qui en avez jugé tout autrement, vous affectez, avant que d'en parler, de prévenir votre Lecteur par plusieurs censures, afin de lui faire sentir, au ton de votre critique, qu'il s'est trompé, ou laissé surprendre, en y applaudissant. Ce renversement d'ordre est une adresse; mais y a-t-il de la bonne foi ?

Voici vos principes sur la nature de l'Oraison Funebre; je les rassemble ici, pour éviter de trop fréquentes discussions.

» L'objet de tout Discours funebre, (dites-vous, page 24,) depuis les Anciens jusqu'à nous, c'est un éloge. Les Auditeurs ne demandent à celui qui parle, qu'un adoucissement à leur douleur.... (p. 31.) On s'assemble pour entendre l'Eloge *raisonnable* d'un Prince; ce n'est pas le lieu de déplorer ses malheurs & ses foiblesses, d'invectiver contre les Courtisans, de gémir sur les disgraces de la Nation: on veut bien verser quelques larmes sur la perte qu'on a faite; mais qu'elles soient promptement essuyées par les consolations qu'on y fait joindre : on permet à l'Orateur de toucher, d'émouvoir ; mais non pas de *gronder* ses Auditeurs, de les humilier pour eux-mêmes, de les affliger pour la mémoire de leur Souverain. »

Il y a du vrai dans tout cela, Monsieur: une Oraison Funebre est un Eloge; les Auditeurs attendent un adoucissement à leur douleur; mais qu'entendez-vous par l'Eloge *raisonnable* d'un Prince? est-ce un Eloge où l'on ne déplorera pas ses malheurs & ses foiblesses? où l'on n'invectivera pas, le terme est trop fort, où l'on ne s'élevera pas contre des Courtisans qui auront été des serviteurs infideles & corrompus? où l'on ne gémira pas sur les disgraces de la Nation, si elles ont été occasionnées par la dureté & la perfidie de ces mauvais serviteurs? Eh! Monsieur, où en trouvera-t-on le lieu, que dans un Eloge funebre? Comment sera-t-il vrai cet Eloge? comment sera-t-il intéressant, digne du Prince & de l'Orateur, s'il faut consulter un Déclamateur timide, ou un vil adulateur? C'est l'esprit de la Nation qui doit servir de regle; c'est lui qui doit inspirer; c'est à sa situation actuelle que l'Orateur doit faire attention: si elle est souffrante, cette Nation, peut-il s'attendre qu'il aura de ces Auditeurs assez lâches pour ne vouloir *verser que quelques larmes*, encore aux conditions qu'elles seront *promptement essuyées par les consolations qu'il saura joindre?* Eh! d'où les tirera-t-il ces consolations, s'il ne remonte à la source des maux? *On permet à l'Orateur de toucher, d'émouvoir;* on permet? permettez-moi de vous contredire, Monsieur; on exige, on exige qu'il remue, qu'il pénetre jusqu'au cœur. Une Oraison Funebre n'est pas une Piece de pure cérémonie : si elle est Eloge, elle est de même essentiellement instruction. Les Anciens, disons tous les hommes de tous les pays & de tous les temps l'exigent ainsi. On n'a jamais loué, que pour exciter l'émulation, & pour payer aux morts vertueux le juste tribut de reconnoissance qui leur est dû. Mais d'abord ç'a été l'émulation, par la raison générale que l'intérêt est le premier mobile de toutes nos actions; l'admiration, en effet, doit-elle être stérile ? L'Orateur exécutera l'un & l'autre sans *gronder ses Auditeurs, sans les humilier pour euxmêmes, & les affliger pour la mémoire de leur Souverain*. Pensez-vous bonnement, Monsieur, qu'à S. Denis les Auditeurs se soient crus *grondés*, humiliés pour eux-mêmes, & affligés pour la mémoire de leur Souverain ? Je n'en crois rien : s'il en étoit quelques-uns qui le méritassent, comptez qu'ils craignoient d'autres *gronderies* & d'autres humiliations, que celles qu'ils ont pu essuyer dans le Discours de M. de Senez : quant à la mémoire du Souverain, on n'a fait que participer à l'affliction qu'il a ressentie lui-même en mourant, & que M. de Senez a su tourner à sa gloire.

„ Une remarque, que vous donnez com-
„ me importante, (même page 31) & qui
„ regarde tout le Discours de M. de Senez,
„ c'est le ton de tristesse, tranchons le mot,
„ de mauvaise humeur, qui y regne „....
Cette remarque peut être importante pour
quiconque se croit insulté, & c'est bien contre l'intention de l'Auteur; pour nous, elle
est fort singuliere : il regne effectivement
dans ce Discours un ton de tristesse; mais de
cette tristesse chrétienne, dont parle S. Paul,
laquelle conduit à la véritable joie par l'amour de la vertu dont elle est l'expression.
Mais de mauvaise humeur ? nous trancherons
aussi le mot, Monsieur; ce Discours a pu
en donner, & en a donné, comme je m'en
apperçois, sans que M. de Senez fasse soupçonner la moindre de sa part.

C'est ainsi, je m'imagine, que M. de Senez a conçu son Sujet : il s'est demandé comment la France elle-même personnifiée, feroit
l'éloge de son Roi, devant des Peuples pénétrés du plus grand amour pour leur Prince ;
il a cru qu'elle commenceroit par les qualités
admirables qui nous attachoient à Louis XV,
qui l'ont fait surnommer le *Bien-Aimé*, &
ont rendu si glorieuses les trente premieres
années de son regne. Cette premiere partie
une fois remplie, où conduisoit-elle naturellement ? Aux regrets les plus vifs de ce qu'elle

(la France) n'a pas retiré tout le fruit qu'elle avoit droit d'attendre de toutes ces vertus si heureusement réunies. Comment traiter cette seconde partie ? comment exprimer ces vifs regrets, sans, je ne dis pas invectiver, mais s'élever avec force contre les infideles serviteurs qui les ont ternies, & par-là ont enlevé aux Peuples tant & de si précieux avantages ?

Trouvez, Monsieur, un plan plus vrai & plus simple; c'est précisément celui de M. de Senez: il a donc parlé comme tout bon François auroit fait; il a rappellé dans son cœur, il y a rassemblé tous les sentiments de la Nation; il les a exprimés avec la plus grande énergie. Qu'avez-vous donc à lui pardonner ? ″Nous pardonnons cependant, dites-″vous en finissant, nous pardonnons à l'Au-″teur tout le chagrin qu'il nous donne.″ Eh! quel chagrin vous a-t-il donné ? Vous deviez l'avoir dans l'ame ce chagrin. M. de Senez vous donne du chagrin, parce qu'il a eu la force de parler comme nous l'attendions de lui. Le feu Roi lui-même applaudiroit à son courage, & répéteroit ce qu'il a dit en le nommant à l'Episcopat, qu'il ne croyoit pas qu'il eût dans son Royaume deux hommes tels que lui. Voilà, Monsieur, le plus grand éloge que l'on puisse faire de ce Prince : il étoit si pénétré de ses fautes, qu'il respectoit, qu'il aimoit, qu'il récompenſoit ceux qui lui en repréſentoient la griéveté & les conſéquences. C'eſt à la grandeur d'ame de Louis XV, que nous devons cette noble franchiſe, qui ne ſe voit dans preſqu'aucune autre Oraiſon Funebre. Nous en ferons honneur à M. l'Abbé de Boiſmont : & s'il couroit moins après le bel eſprit; ſi le génie, le zele, l'amour de la vérité l'euſſent inſpiré auſſi conſtamment que M. de Senez, nous lui rendrions la même juſtice. Le Diſcours de M. de Senez ſera dans nos cantons le point de rapport & de comparaiſon, & nous ne croirons judicieuſes & vraiment éloquentes les autres Oraiſons Funebres, qu'autant qu'elles ſeront animées du même eſprit. Je dis plus; tous les vrais François en jugeront de même, tous ceux dont les ſentiments ne ſont pas encore altérés par la corruption générale, & du gout, & des mœurs.

Je ſuis fâché, Monſieur, que vous n'ayez pas lu M. de Senez dans les mêmes diſpoſitions; vous auriez mis dans vos obſervations plus d'équité, & même de bonne foi. Commençons par l'Exorde, dont vous cherchez à donner une opinion ſi défavorable dans une réflexion que vous avez placée, avec deſſein, à la ſuite de celles que vous faites ſur le déſaſtre des Jéſuites (pages 27 & 28.) Voici vos paroles : »....» M. de Senez compare cet

» Ordre fameux, éteint de nos jours, au Pro-
» phete de Ninive, précipité dans les flots
» (p. 52,) pour appaiser la tempête. Espé-
» reroit-il qu'un miracle pareil conservera la
» *Société* submergée, pour la rejetter pleine
» de vie sur nos bords ? Non, Monsieur, ce
» n'est pas dans une occasion aussi publique,
» aussi solemnelle, qu'on pouvoit revenir sur
» un événement concerté entre Rome &
» tous les Princes de son obédience; il est
» permis, Monsieur, de regretter, vous le sen-
» tez comme moi; mais on est obligé de se
» taire. »

« Cette comparaison de Ninive & de son
» Prophete, est fort du gout de l'Orateur.
» Ici la *Société des Jésuites* est Jonas; il est
» lui-même Jonas au commencement de son
» Discours, où il rappelle ce fameux texte,
» employé par lui au Sermon du Jeudi-Saint,
» en présence du feu Roi, *Adhuc quadra-*
» *ginta dies, &c.*» Tout le monde connoît
» la suite de ce passage, *Encore quarante jours,*
» *& Ninive sera détruite.* C'étoit à la fin du Ca-
» rême, aux approches du saint temps de Pâ-
» ques; il se croyoit, comme Jonas, appellé
» à prêcher la pénitence : c'est le devoir des
» Evêques; mais, loin d'imiter ce Prophete,
» qui se plaignoit au Seigneur de ce que la
» conservation de Ninive avoit démenti sa
» prédiction, notre Prélat a, sans doute, gémi

» sincérement de l'accomplissement littéral
» de la sienne: peut-être eût-il mieux valu ne
» pas nous la retracer; mais croyez, Mon-
» sieur, que c'est l'épanchement d'un cœur
» au désespoir d'avoir rencontré si juste.
» Malheur à celui qui se croiroit Prophete
» à ce prix ; c'est bien assez d'être un Apôtre. »

Ainsi, Monsieur, à vous entendre, M. de Senez, dès son Exorde, a voulu se donner pour un Prophete. *Ici la Société des Jésuites est Jonas;* l'Orateur est lui-même Jonas au commencement de son Discours. D'une simple allusion au texte de l'Ecriture, *Adhuc quadraginta dies, &c.* vous faites & vous prêtez à M. de Senez une comparaison réfléchie & complette. *Comme Jonas, il se croyoit appellé à prêcher la pénitence:* c'est *le devoir des Evêques :* pourquoi donc en faire un sujet de raillerie ? Bossuet est Evêque, même dans ses Oraisons Funebres. *Mais, loin d'imiter ce Prophete, &c. notre Prélat a sans doute sincérement gémi de l'accomplissement littéral de la sienne;* de la sienne ? Que signifient ces insultantes interprétations, ces fades ironies, terminées par cette réflexion emphatique & téméraire, pour ne pas dire impie; c'est *bien assez d'être un Apôtre?* Eh ! quel risque, Monsieur, y auroit-il pour l'état & pour le gout, qu'il n'y eût que de vrais Apôtres qui fissent les Oraisons Funebres ? M. de

Boismont est-il jamais plus éloquent que quand il est Apôtre ? De tous ceux qui ont entendu, ou lu M. de Senez, je ne pense pas qu'aucun l'ait soupçonné de cette vanité puérile que vous lui imputez : il fait le Prophete, parce qu'il cite le texte de Jonas ? Qu'il compare en deux mots à ce Prophete, l'Ordre fameux des Jésuites ? Vous demandez, en plaisantant, *s'il espéreroit qu'un miracle pareil conservera la Société submergée, pour la rejetter pleine de vie sur nos bords ?* Mais S. Grégoire de Nazianze, au milieu d'une Assemblée, dont les Chefs lui envioient le Siege de Constantinople, se croyoit-il un Jonas, lorsqu'il leur disoit, faisant allusion à ce Prophete, que l'on pouvoit le jetter dans la mer, s'il ne falloit que ce sacrifice pour appaiser la tempête ? Espéroit-il qu'*un miracle pareil le conserveroit submergé, pour le rejetter plein de vie sur le Trône Patriarchal ?* À quel propos ces traits lancés indécemment contre un Prélat aussi respectable ? Se joue-t-on ainsi publiquement d'un Evêque, qui s'est attiré par son zele, la vénération de tous les gens de bien, de quelque Religion qu'ils soient ? Vous ne doutez pas encore de le taxer au moins d'indiscrétion, au sujet du malheur de cette Société, qu'il touche avec tant de réserve ; & cependant vous vous appuyez sur une autorité:

combien

combien eussiez-vous pu en trouver d'autres pour blâmer son silence, s'il l'eût gardé entiérement ?

Je viens actuellement à la page 24, où vous dites que les ombres, au moins dans la seconde Partie du Discours de M. de Senez, sont le sujet & le fond du tableau. Vous étiez trop empressé de vous jetter dans ces ombres, pour vous arrêter aux traits de lumiere qui brillent de toutes parts dans la premiere, & qui n'ont pas manqué de fixer tout sincere admirateur. Vous ne faites pourtant pas à M. de Senez un crime d'avoir comparé Louis XV, dans son enfance, au jeune Joas; mais le tableau attendrissant de ses premieres années; ces images vives; ces sentiments sublimes qui annoncent le commencement du plus beau regne; sa modération; sa sagesse, cette prudence prématurée dans les Conseils; sa tendresse paternelle qui condamne ces ames froides qui ne connoissent pas la nature; ce spectacle si intéressant de Louis au milieu de sa Famille auguste; les preuves héroïques d'amour que lui donnent, dans sa maladie, les Princesses; cette Vierge auguste que des liens sacrés enchaînent dans la solitude; ce zele du Prince pour la Religion; cette juste indignation de l'Orateur contre ces infames corrupteurs, l'unique source de nos maux; cet éloge court

B

& délicat du Cardinal de Fleury; la bravoure du Roi à la tête de ses armées; son humanité après la victoire; son désintéressement; sa bonté & ses attentions pour ses ennemis blessés; cette belle leçon qu'il donne au Dauphin sur le champ de bataille; ses projets, son empressement pour une paix durable; l'heureuse alliance avec la Maison d'Autriche, à laquelle nous devons le précieux trésor que nous possédons; cette apostrophe aux Rois, qui habitent dans la poussiere de leurs tombeaux, sur la vaine immortalité que le monde prétend accorder aux Héros; cette riche paraphrase du texte de S. Ambroise, pour servir de transition à la seconde partie; tous ces morceaux pleins de feu & de grandeur, qui sont de véritables effusions de cœur & de génie; bien différents de ces froides & symmétriques compositions, où l'on suit encore de l'œil l'empreinte du compas d'un Orateur géometre; tant de beautés, toutes si frappantes, n'ont point effleuré votre ame; vous vous êtes sans doute laissé surprendre à la modestie de cette derniere phrase de l'Exorde, *Roi des Rois, Seigneur des Seigneurs….. inspirez-moi les leçons courageuses que Jérémie donnoit à votre peuple, en même-temps qu'il pleuroit ses malheurs.* Vous avez supposé, Monsieur, que ce seroient de pesantes leçons d'une morale ennuyeuse, comme vous nous les annoncez en effet; & de quel ton ? » *Il va les donner* » *aux Princes, aux Courtisans, aux Servi-* » *teurs du Roi, assemblés cependant pour* » *écouter son éloge :* » comme si cet éloge ne devoit pas être une leçon pour eux, pour nous & pour vous-même, Monsieur. Oui, sans doute, M. de Senez les donne ces leçons : mais de quelle maniere ? Que sont-ce les leçons de Jérémie, sinon de fortes peintures, telles qu'en doit donner la saine éloquence, & telles qu'elle les donne, non-seulement par la bouche des Bossuet & des Bourdaloue, mais encore des Démosthene & de tous les grands Orateurs qui connoissoient le vrai & s'en nourrissoient ?

Mais venons donc à cette seconde Partie, à ces ombres, dont la réalité me paroît fort équivoque. Après avoir donné la plus mince idée de cette premiere Partie, vous nous dites que » ce n'étoit pas ici (à S. Denis) » le moment où la vérité vouloit qu'on déplorât aussi ses malheurs; pourquoi ajouter » à la tristesse d'une cérémonie si lugubre, » celle d'un récit lamentable & si peu at- » tendu ?.... » Nous avons suffisamment démontré, Monsieur, que c'étoit là le vrai moment que tous les honnêtes gens l'attendoient, & que votre délicatesse est tou-à-fait déplacée. Quand les Princes s'instruiront-ils que dans *ces moments ?*

« L'Orateur, continuez-vous, débute, dans la seconde Partie, par désirer qu'on eût la méthode en France, comme autrefois en Egypte, de juger la mémoire des Rois; il fait plus, il s'érige lui-même en Tribunal, ou en Juge qui va prononcer. »

Je vous avouerai, Monsieur, que M. de Senez est ici un peu en tort : il devoit se dispenser de nous rappeller la coutume des Egyptiens; il n'a pas fait attention que les François aiment & respectent trop leurs Rois, pour former un Tribunal, revêtu du pouvoir de les juger. Je veux bien encore qu'il sembleroit en quelque sorte le désirer; mais qu'il fasse plus, qu'il s'érige lui-même en tribunal, ou, pour parler plus correctement, qu'il s'érige lui-même en Juge qui va prononcer; c'est une supposition qui est fausse absolument. Voici ses paroles (page 42).... « Quoique les Princes ne soient plus jugés avec cette solemnité, quel examen rigoureux les attend à ce tribunal particulier, où chacun (1) *s'arroge* le droit de citer leurs actions ? Et quel jugement plus sévere encore leur est réservé au tribunal de l'Histoire, qui dévoilera leurs vices & leurs vertus à la face des nations & des siecles ?

---

(1) Ces termes méritent d'être remarqués.

» O Princes, avec le jugement de Dieu, re-
» doutez encore celui de vos Peuples; re-
» doutez celui de la postérité : mais vous
» aussi, qui osez les juger, apprenez le res-
» pect que vous devez à leur mémoire, &
» l'indulgence que vous devez à leurs mal-
» heurs. »

Eh bien, Monsieur, est-il clair que M. de Senez a pour les Rois le respect que vous insinuez qu'il n'a pas ? s'érige-t-il lui-même en juge de la mémoire des Rois ? C'est bien là de votre part une infidélité, d'autant plus singuliere, que le reproche que vous adressez à M. de Senez, regarde uniquement M. l'Abbé de B. C'est lui-même qui juge, ou qui veut du moins que nous jugions la mémoire des Rois; vous devez vous en souvenir, (pages 24 & 25) au parallele de Louis XV avec Louis XIV..... » Rapprochez ces traits
» personnels... les faits mémorables de son
» regne, (Louis XV) vous *jugerez* que ce
» caractere... étoit peut-être le seul qui con-
» vînt aux circonstances; le seul qui pût
» *sauver les restes* de la Nation *échappés à la*
» *gloire* de Louis XIV; que les talens de
» ce Roi si célebre, reproduit dans Louis XV,
» eussent été le présent le plus funeste que le
» Ciel eût pu nous faire dans sa vengeance »...
Les Sages de l'Egypte, ce tribunal si sévere, eussent-ils prononcé une sentence plus flé-

triſſante contre le plus méchant de leurs Pharaon ?

Pages 25 & 26 de votre Brochure, quel eſt ce ton cavalier que vous prenez, en commençant deux articles qui ſe ſuivent ? Au premier, » voici pour la Nation ; au ſecond, » voici à » préſent pour le Maître. » Qu'entendez-vous, Monſieur, par ce, *voici pour la Nation*, & ce *voici à préſent pour le Maître ?* C'eſt ſans doute que M. de Senez va faire à la Nation quelque mauvais compliment, & enſuite au Roi. Pour le compliment à la Nation, vous citez ces lignes......page 45 de l'Oraiſon Funebre..... *on ne trouve pas de ſuite deux ſiecles de gloire ; il ſemble que la foible nature ſoit épuiſée d'avoir produit une génération illuſtre...... & de toutes parts on voit la dégradation ſuccéder à la maturité....* » Si vous » remarquez, Monſieur, (ajoutez-vous) que » cela vient à la ſuite de ces mots peu no- » bles, mais ſignificatifs (page 44) *quoi qu'il* » *en ſoit de l'état préſent de la Monarchie,* » vous trouverez l'application auſſi claire qu'inévitable.

Vous avez parfaitement réuſſi, Monſieur, en eſtropiant ce texte : on n'y reconnoît, en aucune maniere, ni la penſée, ni l'intention de M. de Senez ; mais quelque mutilé qu'il ſoit, qu'y a-t-il d'injurieux pour la Nation ? L'application, dites-vous, en eſt aussi claire qu'inévitable : oui, je le veux, il est clair & inévitable même que l'on appliquera ces idées générales de l'instabilité des choses humaines, au regne de Louis XV. On conclura que ce regne a eu ses temps heureux & malheureux, comme presque tous les autres ; mais qu'y a-t-il encore là d'insultant pour la Nation ? Mais cela vient à la suite de ces mots, *peu nobles, mais significatifs, quoi qu'il en soit de l'état de la Monarchie ;* c'est précisément cette suite de phrases, qui donne à ces mots, dont elles sont précédées, un air moins commun & une signification décidée, & toute autre que celle que vous voudriez malignement qu'on leur attribuât.

Lisons le texte dans son entier..... » Au » reste, Messieurs, quoi qu'il en soit de l'état » présent de la Monarchie & de l'influence » des Princes sur le sort des Empires, un » Roi peut-il être responsable de tous les » événements ? auriez-vous oublié le droit » que le Ciel s'est réservé de dominer sur » la politique des hommes ? auriez-vous ou- » blié la caducité des choses humaines ? » Parcourez les fastes du monde ; trouvez » deux siecles de grandeur & de gloire qui » se succedent sans interruption dans le mê- » me Empire : il semble que la foible na- » ture soit épuisée d'avoir produit une géné-

B 4

» ration illustre. Triste condition de toutes
» les choses de la terre! Leur plus haut point
» d'élévation touche à leur décadence, & de
» toutes parts je vois la dégradation succé-
» der à la maturité. Foibles mortels, dé-
» ployez, épuisez toutes les ressources de
» votre sagesse; toujours vos établissements
» porteront en eux un germe, &c. »

Avez-vous pu, Monsieur, dans ce morceau si pathétique, ne pas sentir le dessein de M. de Senez? N'est-il pas évident que, bien loin de vouloir aigrir le chagrin de la Nation, il cherche à l'adoucir, en lui rappellant les révolutions arrivées dans les différents siecles & chez les différents peuples? L'application aussi claire qu'inévitable, tourne donc à la consolation de la France, & point du tout à sa confusion. C'est ainsi, Monsieur, que vous vous efforcez de faire entendre à vos Lecteurs tout le contraire de ce qu'a dit M. de Senez. Ce tour est mal-adroit; il nous a sur le champ rappellé l'apostrophe de M. de Boismont à la France. Il n'est pas besoin d'avertir que *voici pour la Nation*, ni de chercher des applications; le compliment est des plus directs... page 32. » Fran-
» ce, si tu veux des Rois justes, commence
» par les mériter; l'exemple des Souverains
» est, sans doute, l'Evangile des Sujets; mais
» il y a aussi une réaction des mœurs du

» peuple sur les Rois mêmes; & lorsque le
» peuple est vertueux, la honte menace de
» s'asseoir sur le Trône, & devient le frein
» des Rois. » Quoi de plus dur & de plus
mortifiant, pour ne pas dire de plus injuste?
Vous n'avez eu garde, Monsieur, de le remarquer; c'est une chose plaisante, que les
précautions que vous employez pour hasarder vos petites critiques à l'égard de M. de B.
vous relevez en effet les mots, *Evangile* &
réaction; mais où ? & comment ? Ce n'est
qu'à la fin de l'éloge de sa Piece, page 20.
» Vous voyez, Monsieur, (dites-vous à l'A-
» mi de Province) que je suis moins occupé
» à critiquer, qu'à extraire un Ouvrage si
» intéressant. Quelqu'un qui s'obstineroit à
» y trouver encore des négligences, obser-
» veroit, (page 23 de M. de B.) &c.
» &c. » Vous feignez là, Monsieur, qu'un
Censeur, que vous supposez fort difficile,
reprendroit quelques bagatelles que vous
citez, (page 32 de votre Broch.) le mot
réaction plus technique qu'éloquent (dites
qu'oratoire.) » Le mot Evangile, ce Cen-
» seur (continuez-vous) présumeroit que ce
» mot en Chaire demandoit peut-être plus
» de discrétion, & qu'on pouvoit dire plus
» simplement, *l'exemple des Souverains est
ordinairement pour les Sujets la regle de
leurs mœurs....* Ces tempéraments-là sont

bien minucieux, Monsieur; qu'est-ce que ce *présumeroit*, ce *peut-être*? Et pourquoi ne pas dire plus simplement que le mot Evangile est si respectable, qu'on ne doit jamais l'employer qu'en parlant de la Religion? que l'on en fait dans le monde un trop grand abus, s'il n'y est pas tout-à-fait profané: cela est clair, & malheureusement trop véritable.

Vous prétendez qu'il faut s'obstiner, pour découvrir des négligences dans le Discours de M. de B. & nous, nous sommes rebutés des fautes qui ne s'offrent d'elles-mêmes que trop souvent. Plus cet Ouvrage est intéressant, & il l'est sans contredit, plus nous avons de douleur de les rencontrer si fréquemment, & de les annoncer par une voie aussi publique: mais vous l'avez demandé, Monsieur, vous l'avez voulu... Est-il possible que M. l'Abbé de B. n'ait pas eu quelque ami pour les lui faire remarquer avant l'impression?

Combien d'expressions bizarres, singulieres, p. 3, ligne 3 de l'Exorde, *des consolations qui, pour être solides, ont besoin de franchir les bornes du temps, & de s'appuyer sur l'éternité.* Idées fausses, obscures, gigantesques dans tout le reste de la phrase, où vous trouvez, Monsieur, une sombre majesté; certaines images plus que rebutantes, p. 4, " tous

» un peuple..... croyant voir l'ombre de son
» Roi s'attacher à ses pas, & multiplier dans
» son sein le germe d'un poison destructeur. »
Voilà donc l'ombre du Roi travestie en
euménide. Tours entortillés, même page,
j'abuserois, &c. Cette phrase est inintelligible; si au lieu de *j'empruntois*, on ne substitue, *je n'empruntois pas* ... Antithèses
plus que fausses, p. 5; la *majesté des Loix
soulevée contre la majesté du Trône*. Même
page, phrase précieuse & inintelligible,
*abaissant, en pere tendre, la hauteur de son
Sceptre avec ses Sujets* ... Autres antithèses,
outrées & contradictoires, p. 8, 9, 10, 26,
27, où l'éducation du Roi est présentée,
comme elle n'auroit jamais dû l'être : ces tableaux, ou trop odieux par leur exagération,
p. 12, ou ridicules, p. 20, au petit alinéa
qui suit ce morceau si ravissant, *O modération*; deux ou trois lignes de moins, on retranchoit toute l'absurdité que l'on y trouve.
Ces paralleles, ou indiscrets, p. 13, ou déshonorants pour la France, pag. 25. Les
étrangers ne manqueront pas en conséquence, de nous taxer de la plus insigne ingratitude, tant envers Louis XIV, qui se trouve
là indignement méprisé, & surnommé le
Héros de la Fortune, qu'envers son siecle,
ce siecle des Arts & de la victoire, dont on
demande, Qu'a-t-il produit ? Eh ! disons

mieux, que n'a-t-il pas produit ? Combien d'autres endroits défectueux gâtent cet Ouvrage, & vous en faites de négligences !

Nous sommes toujours sur cette grande apostrophe à la France. Vous avez relevé ces mots, réaction, Evangile, & vous ne parlez pas de cette derniere phrase, *lorsque le peuple est vertueux, la honte menace de s'asseoir sur le Trône, & devient le frein des Rois.* Seroit-elle de votre gout ? Plusieurs de nos jeunes beaux esprits l'admireroient : seulement deux mots, & vous en sentirez la valeur. La nature de la honte est de se taire, bien loin de menacer; elle se cache, à plus forte raison elle n'ambitionnera pas de s'asseoir sur le Trône. Eh! quelle figure y feroit-elle ? Elle devient le frein des Rois ? Cela est vrai en soi, en la supposant dans le cœur des Rois; mais ici elle est personnifiée : la honte sera donc le cavalier qui tient le frein ? & qui sera le cheval ? N'est-il pas clair que toutes ces idées font un assemblage absurde ?

Mais la premiere phrase est bien plus sérieuse; *France, si tu veux des Rois justes, commence à les mériter.* C'est ici principalement que la logique de l'Orateur est en défaut. Je pourrois dire, avec beaucoup plus de raison, que vous, Monsieur, voici pour le Roi, *France, si tu veux des Rois justes.* L'Orateur, emporté par son zele, n'a pas

senti l'étendue de sa proposition; d'où l'on conclut de suite, Louis XV n'étoit donc pas un Prince juste; rien certainement de plus éloigné de la pensée de M. de B. qui dit si hautement ailleurs, qu'aucun Roi n'a eu l'ame plus droite. M. de Senez a bien fait d'être plus circonspect..... Voici à présent pour la Nation, *commence à les mériter*...... Je suppose que la France ne se fâche pas d'un ton aussi dur : du moins demandera-t-elle à l'Orateur, s'il y a de la justice à exiger que vingt millions de Sujets concourent unanimement à inspirer à leur Prince l'amour de la vertu ? n'est-ce pas outrager le gros de la Nation ? Des milliers de personnes vertueuses, répandues dans les Provinces, feront-elles jamais la même impression sur un Roi, qu'un seul grand Seigneur, homme de bien, qui ne quitte pas la Cour ? Quoi ! toute la Noblesse aujourd'hui auroit perdu tout sentiment d'honneur & de probité ! il n'y en auroit pas un qui.... Non , pourroit répondre un critique mal intentionné; non, il n'y en a pas un. Ecoutez M. de Boismont:
» Voici à présent pour les Grands..... p. 30,
» nul Prince, (Louis XV) & je n'excepte
» pas même le grand, l'immortel Henri;
» hélas ! que de ressemblance entre ces deux
» Rois ! & que le vertueux Sully met de
» différence entre les deux regnes ! nul Prince

» n'eut des vues plus saines, ne désira plus
» sincérement le bien; & pour l'attacher à
» ce bien qu'il désiroit, il ne falloit qu'être
» digne de le lui montrer...! » Convenez,
Monsieur, qu'intérieurement vous avez fait
compliment à M. de Senez, de n'avoir pas
donné tant de prise sur lui; comme vous auriez
triomphé ! Sans doute que vous êtes un peu
étonné de l'impression générale qu'a faite
cette derniere phrase, *il ne falloit qu'être
digne de le lui montrer.* Personne ne l'étoit
donc ? quelle accablante universalité ! personne dans le Militaire, dans l'Eglise, dans
la Robe ! Pour détourner une application
aussi triste, vous attribuez ces derniers mots
à un moment d'enthousiasme pour le vertueux Sully. Je crois que vous vous trompez;
l'enthousiasme n'est, comme vous le dites,
que momentané, le style se refroidit de plus
en plus. Ainsi c'étoit envie de finir par une
épigramme; mais qu'importe: M. de B. n'en
est pas plus criminel à nos yeux : tous les
honnêtes gens, en trouvant ces endroits beaucoup trop forts, se sont contentés de dire
que M. de B. avoit l'imagination bien vive,
& qu'il s'y laissoit trop emporter. En effet
l'imagination est comme un cheval fougueux,
qui a besoin d'un jugement assez éclairé pour
la conduire, & assez vigoureux pour l'arrêter à propos; autrement elle se jettera

dans des écarts qui tiendront du délire.

Mais M. de B. peut se tranquilliser sur l'équité de ses Lecteurs. La France lui pardonne ces exagérations d'autant plus volontiers, qu'elle voit reparoître autour de son jeune Roi, de nouveaux Sully que sa confiance a ranimés : quel objet d'admiration pour l'Europe ! quel spectacle, & quelle consolation pour elle-même, que de contempler son jeune Monarque, assis au milieu de ces hommes pleins de zele pour le bien des peuples; y travailler avec une ardeur infatigable; les consulter sur les moyens de concilier tous les esprits; d'étouffer les haines; de réveiller l'amour de la Patrie; de mettre la paix dans les familles ; de calmer les inquiétudes du pauvre; de rassurer les particuliers sur la propriété de leur patrimoine ! Quelle satisfaction de voir la jeune Reine, tous les Princes & les Princesses animés des mêmes désirs que le Monarque ! quelles espérances pour les bons Citoyens! Pouvons-nous douter que ce Prince, de concert avec de si fideles serviteurs, ne défende la Religion contre les coups redoublés qu'on lui porte; qu'il ne remette la vertu dans ses droits; qu'enfin elle ne puisse, cette vertu, se montrer avec la dignité qui lui appartient ? bientôt alors le crime craindra de la poursuivre, & peut-être rougira-t-il une fois de lui-même..... Mais pardon, Monsieur, mon feu ne m'emporte-t-il pas un peu trop loin ? Vous allez peut-être me faire le même reproche que vous faites à M. de Senez, (p. 29 de votre Broch.) que *je veux prêcher*. Vous n'avez pas fait attention que c'est là le mot que nos jeunes libertins ont aussi-tôt à la bouche, quand d'honnêtes gens leur parlent de vertu. Mais il est temps de venir à votre, *Voici à présent pour le Maître*.

(Page 26 de votre Broch.) vous citez de M. de Senez, (p. 48) comme chose sans doute fort désagréable pour le Roi, ces paroles.... *Représentez-vous un Prince fatigué, rassasié de la Puissance suprême, dégouté de la confiance & de l'amitié, & à qui l'habitude d'être trompé fait croire que tous les hommes sont trompeurs.* Qu'y a-t-il donc dans ce tableau d'insultant pour le Roi ? Ne savez-vous pas, Monsieur, que ce sont ici les propres paroles de Louis XV; que c'est ainsi qu'il s'est peint lui-même dans l'acte où il a consigné ses dernieres volontés ? Est-il fort étonnant que le Roi, qui ne cherchoit que le bien de ses Peuples, ait été fatigué, ennuyé de faire tant d'efforts, rendus inutiles par l'avarice & la dissolution de ses mauvais serviteurs ? Direz-vous qu'il n'en a pas eu ; qu'il n'a jamais été trompé ; qu'il ne s'en est pas apperçu, ou qu'en s'en appercevant, il n'en ait pas ressenti

senti le plus vif déplaisir ? Et vous trouverez mauvais que M. de Senez le dise pour la gloire du Roi ? » Qu'il est douloureux, vous » écriez-vous, pour ceux qui aimoient le » Roi, de le voir représenté avec des cou- » leurs aussi fâcheuses ! » Mais il devoit l'être bien plus pour eux, lorsqu'ils entendoient le Roi lui-même se répandre en plaintes aussi fortes ; étant les témoins de ses ennuis, ils devoient se rendre dignes de lui montrer le bien qu'il désiroit très-certainement. » Qu'il a dû être humiliant, continuez- » vous, pour les Auditeurs même, eux qui » entouroient le Roi, comme serviteurs, ou » comme société, d'entendre dire qu'ils n'a- » voient plus de droit à la confiance, ni à » l'amitié de leur Prince, & qu'il les regar- » doit tous comme des trompeurs ! » Oui, il a été humiliant pour eux, & ils le méritoient bien, s'ils n'ont pas fait auprès du Roi ce qu'ils devoient, pour lui prouver qu'ils avoient un droit légitime à sa confiance : le Prince l'auroit reconnu, puisqu'il n'y a pas manqué à l'égard de M. de Senez, qu'il a vu & qu'il a entendu trop peu souvent pour son bien & pour le nôtre : ne lui a-t-il pas accordé son amitié & sa confiance ? Mais à quoi aboutissent toutes ces ennuyeuses lamentations de votre part ? Vous vous plaignez que M. de Senez traite les courti-

C

fants de trompeurs ; entendez donc M. de B. p. 14, il adreffe la parole au Cardinal de Fleury... » Miniftre refpectable, je n'infulte
» point à votre repos ; je fais que nous vous
» devons ces jours paifibles & brillants que
» je retrace ; mais qu'il me foit permis de le
» dire, en confervant dans votre augufte
» Eleve, cet efprit de modération & de ré-
» ferve, fi vous aviez excité ces flammes
» généreufes, ce noble fentiment de fes for-
» ces qu'il méritoit fi bien de prendre....(1)
» Si en lui peignant tous les hommes faux
» & trompeurs, vous lui euffiez dit que le
» feul homme de fon Empire, dont il ne
» devoit pas fe défier, étoit lui-même, nous
» jouirions encore de la fageffe & de la pu-
» reté de vos confeils ; il vous a manqué une
» ambition, dont la France vous eût fait un
» mérite, celle de vous furvivre par l'impul-
» fion que vous pouviez donner à l'ame du
» Roi. Hélas ! votre miniftere a péri avec
» vous ! » M. de B. eft ici plus fort que M. de Senez ; c'eft là du vrai beau, & perfonne ne nous contredira : vérité, délicateffe, force, tout s'y trouve, & nous y applaudiffons avec le plus grand contentement.

___

(1) Je fupprime ce qui fuit comme un peu trop fufceptible de critique ; en le retranchant, l'Orateur n'y perdra rien ; c'eft ce que j'ai fait ailleurs une fois ou deux, fans en avertir ; je ne cherche point à déprimer M. de B. bien au contraire.

Mais comment l'Académie a-t-elle pu s'accommoder d'une pareille franchise ? Cette franchise surpasse ici celle de M. de Senez. Vous dites (p. 29) dans votre parallele de M. de B. avec M. de Senez ; " l'un dit tou-
" jours les choses cruement, l'autre est con-
" tent de les faire entendre; celui-ci parle,
" celui-là ne veut que prêcher : on sent que
" le respectable Auditoire de S. Denis se fût
" accommodé de l'Académicien ; on n'est
" pas bien sûr que le Prélat eût réussi à l'A-
" cadémie aussi parfaitement. " Vous ne faites pas assurément beaucoup d'honneur à ces Messieurs. Je juge mieux de leur gout. Mais, puisque vous nous parlez sans cesse des humiliations dont M. de Senez couvre ses Auditeurs, considérons un peu si M. de B. ne s'entend pas encore mieux que M. de Senez à humilier, non-seulement son Auditoire, mais même tout le Royaume, & s'il ne dit pas encore plus cruement les choses. Il est vrai que nous aurres Provinciaux nous savons à quoi nous en tenir : page 32, " Censeurs aus-
" teres.... placez-vous sur ce même Trône
" au milieu des flots, de l'intrigue, (flots de
" l'intrigue !) des artifices de la cupidité ;
" des impostures de l'adulation ; considérez
" cette conjuration funeste de tous les par-
" ticuliers contre le bien public ; cette dé-
" pravation générale de tous les principes ;

„ ce mépris audacieux de toutes les bien-
„ séances; cette émulation qui a tout outré,
„ le faste & les plaisirs; cette frivolité qui
„ a tout perdu, l'honneur & les mœurs: par-
„ lez dans ce temps où le scandale a cessé par
„ l'universalité même du désordre, dans l'af-
„ foiblissement de la Religion, dans l'ivresse
„ de votre liberté *irritée* par le déréglement
„ de tous, eussiez-vous été plus réservés que
„ Louis? „

Convenez, Monsieur, que la plus grande partie d'une aussi bonne semonce regarde la Capitale; ainsi vous avez dû être humilié pour votre part. Nous sommes trop pauvres, dans nos cantons, pour être aussi vicieux; ce sont donc ici tous les Grands, qui sont humiliés, & l'Académie qui leur fait sa cour. M. de Senez n'est pas entré dans un détail si humiliant; & vous ne vous écriez pourtant pas contre M. de B. dans votre Extrait: vous vous contentez de n'en dire mot; vous l'en eussiez loué, si vous eussiez vu les choses à notre façon. Il est vrai que M. de B. a voulu *prêcher*; s'en corrigera-t-on davantage? J'en doute: du moins si on ne le fait pas, ce sera une preuve que M. de Senez, ni M. de B. même n'en ont pas encore dit assez.

Même page 26 de votre Broch. „ Prenons
„ courage, (dites-vous) il y en a encore bien

„ à essuyer. " En bonne foi, Monsieur, je vous admire. Eh ! quelle peine avez-vous donc essuyée jusqu'à présent, que vous ne vous la soyez donnée à vous-même plus que gratuitement ? De tout ce que vous avez censuré dans M. de Senez jusqu'ici, il n'y a que ce qu'il a dit, de la coutume de juger les Rois chez les Egyptiens, qui pouvoit arrêter un Critique : encore n'auroit-il pas rendu la chose plus dure qu'elle n'est, comme vous le faites ; bien loin d'y ajouter le mensonge, en avançant que M. de Senez s'érige lui-même en juge qui va prononcer. Toutes vos autres observations se trouvent également fausses, pour ne rien dire de plus. Pour votre honneur, vous deviez bien vous en abstenir ; mais sous le masque de l'*incognito*, on hasarde tout ce que l'on veut, quand on ne se pique pas de délicatesse. C'est bien plutôt à moi de me dire, prenons courage ; & dans le vrai j'en ai grand besoin pour ce qui suit. Ce sont moins des critiques, que de graves accusations : afin donc que le Lecteur puisse les apprécier à leur juste valeur, je le prie de lire attentivement les trois morceaux du Discours de M. de Senez, que je vais remettre sous ses yeux. Je discuterai ensuite vos trois observations qui leur répondent ; & le Public jugera de votre façon de penser & de la mienne.

Page 48 de M. de Senez....» O Princes,
» voilà donc votre deſtinée; Maîtres abſo-
» lus en apparence, & réellement les eſ-
» claves des vils flatteurs, qui *paroiſſent* ram-
» per à vos pieds. Ici il me ſemble entendre
» Louis (XV) dire à ſes peuples, comme
» Aſſuérus l'écrivoit autrefois à ſes Provinces;
» maître d'un vaſte Royaume, jamais je n'ai
» voulu abuſer de la grandeur de ma puiſ-
» ſance, *cùm plurimis gentibus imperarem,*
» *volui nequaquam abuti magnitudine poten-*
» *tiæ meæ;* mais ſi vous ſaviez avec quelle
» ingratitude les ambitieux, que nous com-
» blons de nos faveurs, abuſent de notre
» confiance & de nos bienfaits, pour ſatis-
» faire leur orgueil; ſi vous ſaviez avec quelle
» adreſſe & quel artifice ils ſavent profiter
» de la candeur même & de la ſimplicité
» de nos ames, accoutumées à juger des au-
» tres par elles-mêmes: *Dùm aures Princi-*
» *pum ſimplices & ex ſua natura alios æſti-*
» *mantes callidâ fraude decipiunt.* Malheu-
» reux que nous ſommes! nous devenons,
» ſans le ſavoir, les fléaux de ces mêmes
» peuples, dont nous voulons & dont nous
» croyons être les bienfaiteurs & les peres.
» Non, mes Peuples, non, jamais je n'ai
» voulu abuſer de la grandeur de ma puiſ-
» ſance; toujours j'ai voulu gouverner mes
» Sujets avec douceur & avec clémence;

» toujours j'ai voulu les faire jouir de la paix
» qui fait l'objet des vœux de tous les mor-
» tels : *Sed cum clementia & lenitate guber-*
» *nare subjectos, ut optatâ cunctis mortalibus*
» *pace fruerentur.*

» Incompréhensible destinée de nos deux
» Rois, les plus cléments & les plus hu-
» mains ! O Henri IV ! ô Louis XV ! je vou-
» drois pouvoir ensevelir dans un silence
» éternel, l'attentat dont le souvenir fait en-
» core frémir la France. Forfait capable, à
» lui seul, de flétrir un siecle ; mais la pos-
» térité, l'impartiale postérité ne fera pas à
» cette génération l'outrage de la rendre res-
» ponsable du délire & de la fureur d'un
» monstre : la douleur & l'horreur unanime
» dont tous les François furent pénétrés en
» cet affreux moment, absout le siecle &
» la Nation.

» Ne réveillons point le souvenir dange-
» reux des troubles dont l'Eglise de France
» paroît enfin délivrée pour *jamais ; mais*
» dont les derniers moments ont été si ora-
» geux. Jettons aussi le voile sur la rivalité qui
» avoit soulevé la Puissance civile contre la
» Puissance sacrée. Vous savez, Messieurs,
» avec quelle justesse le Roi avoit discerné
» les limites de l'une & de l'autre Puissance :
» vous savez quel étoit son zele pour la doc-
» trine & les droits de l'Eglise. Si par des

„ raisons, qu'il ne m'appartient pas d'appro-
„ fondir, (nous devons respecter le secret
„ des Rois, *sacramentum Regis abscondere*
„ *bonum est.*) Si Louis a paru quelquefois
„ ralentir sa protection; si la fermentation
„ des esprits a redoublé; si une Société fa-
„ meuse par le crédit & la confiance dont
„ elle avoit joui si long-temps auprès des
„ Pontifes & des Rois, & par les services
„ qu'elle avoit rendus à la Religion & aux
„ Lettres: car quelle considération pourroit
„ empêcher les ames sensibles de rendre ce
„ témoignage à des hommes malheureux? Si
„ cette Société a été parmi nous la victime
„ de ces fatales contestations; & si elle a été
„ précipitée dans les flots, comme autrefois
„ le Prophete de Ninive, pour appaiser la
„ tempête; si la paix du Sanctuaire a été
„ troublée; si des Pasteurs vertueux ont
„ éprouvé des disgraces & des tribulations;
„ Prêtres, Pontifes du Seigneur, vous le
„ savez; oui, nous savons que le cœur de
„ Louis n'a jamais cessé d'être pour la Re-
„ ligion, pour l'Eglise & ses Ministres. „

Est-il quelqu'un qui n'ait pas été attendri à cette belle paraphrase de la Lettre d'Assué-rus? Quoi de plus touchant! Un Prince, sans y penser, peut-il donner de lui-même une idée plus grande, & qui l'approche plus de la Divinité, dont il est l'image sur la terre?

Que pouvoit dire Louis XV, qui fût plus digne de lui ? n'est-ce pas là Henri IV ? Que l'application nous en a paru heureuse ! Nous avons aussi une paraphrase dans M. de B. (p. 12) qui a été applaudie avec bien de la justice. Mais, quoique tirée d'Ezéchiel, fait-elle autant d'impression que celle-ci du Livre d'Esther ? D'abord, chez M. de Boismont, le tableau de la France, qui amène le texte d'Ezéchiel, est absolument rebutant..... » A cette époque, Messieurs, on » vit sur la terre un peuple tout à la fois » heureux & *respecté*, & ce peuple étoit celui » que Louis XIV avoit comme enseveli dans » ses triomphes, peuple détesté de l'Europe » conjurée, déshonoré à Hochstet, humilié » à Gertruidemberg, consterné, fuyant des » rives du Rhin, jusqu'à celles de l'Escaut, » rassuré à peine à Denain par l'heureux gé- » nie de Villars, traînant, après la Paix d'U- » trecht, les débris d'une Puissance que » l'envie ne daignoit plus remarquer ; sans » commerce, sans vaisseaux, sans crédit.... » Ou ce tableau est vrai, Monsieur, ou il est exagéré. S'il est vrai, laissons-le à l'Histoire, qui est forcée de dire les choses comme elles sont ; mais un Orateur n'est pas dans cette obligation : dès qu'il sent que le tableau inspirera de l'horreur & un souvenir mortifiant, il doit l'écarter de la vue, & prévoir

que son Auditeur ne manquera pas d'en détourner les yeux avec chagrin. Si le tableau est outré, que sera-ce ? L'amour-propre révolté montrera aussi-tôt de l'indignation, & s'irritera contre l'Orateur. Je sens bien pourquoi la peinture est surchargée ; il falloit, dira-t-on, faire sortir, par un plus grand contraste, celle qui suit ; soit : mais si l'esprit est mécontent, cette prévention ne diminuera-t-elle pas l'effet que l'on attend ? C'est ce que j'ai vu dans notre petite société : après le premier tableau, on jettoit le discours de dépit, sans vouloir continuer ; on n'y est revenu qu'avec peine & par un mouvement de curiosité ; on a trouvé que la rencontre étoit heureuse. On a sur-tout admiré cette phrase, pleine de grandeur... » Louis dit au
» Cardinal, comme autrefois le Seigneur à
» Ezéchiel : *Insuffla super interfectos istos, ut*
» *reviviscant*. Soufflez sur ces morts, afin
» qu'ils revivent. Tout-à-coup un esprit de
» vie coule dans ces ossements arides & desséchés, un mouvement doux, mais puissant, se communique à tous les membres
» de ce grand corps épuisé ; toutes les parties de l'Etat se rapprochent & se balancent. » Que veut dire *se balancent ?* Il semble que l'Orateur auroit pu donner à cette image encore plus d'ame & de corps : elle est bien plus frappante dans le Prophete ;

mais nous n'en difons pas moins avec vous: « Peut-on faire un ufage plus noble des pa- » roles de l'Ecriture? » Nous ne nous livrerons pourtant pas à votre enthoufiafme: » que cette application eft douce & féconde! » vous écriez-vous, p. 10; je plane avec l'O- » rateur, fur le vafte champ de la France, » & je vois effectivement l'Etat renaître & » le miracle s'opérer. » Pour nous, qui ne nous élevons pas jufqu'à planer, nous voyons les chofes de plus près, & nous croyons que le trait d'Ezéchiel a bien moins de rapport avec l'état de la France, quelque trifte qu'il ait été, que la Lettre d'Affuérus n'en a avec la fituation de Louis XV. Ajoutons que ce texte d'Ezéchiel peint parfaitement l'affreux état des Juifs en captivité, & mieux encore celui des hommes plongés dans les ténebres de l'idolâtrie, & morts à la grace depuis tant de fiecles. Ezéchiel eft la figure de Jéfus-Chrift, qui fouffle fur ces os arides, & leur redonne la vie; la France n'étoit pas, du temps du Cardinal de Fleury, dans un anéantiffement auffi affreux que le fuppoferoit ce parallele; mais je conviens qu'il faut fe prêter aux allufions: on ne raifonne pas en Rhétorique auffi rigoureufement qu'en Géométrie. Cette allufion plaît beaucoup, & avec raifon; nous lui donnons de juftes éloges: mais celle de M. de Senez devoitelle être interprétée aussi cruellement que nous le verrons dans votre observation ?

Je souhaiterois aussi que l'on considérât bien le rapport du second morceau avec le premier : il me semble qu'il en sort si naturellement, qu'il n'étoit pas possible que M. de Senez, transporté de ces sentiments généreux de bonté & de tendresse paternelle de Louis envers ses Peuples, ne se rappellât le souvenir de l'attentat contre un si bon Roi, & par ressemblance, celui qui a été commis contre Henri IV. Pouvoit-il se refuser au mouvement de son cœur, à des regrets si légitimes, & ne pas s'écrier, *incompréhensible destinée de nos deux Rois, les plus cléments & les plus humains;* ô Henri, &c. pouvoit-il en même-temps ne pas justifier le siecle & la Nation en aussi peu de mots ? J'en laisse le jugement au Public & à votre propre conscience, Monsieur.

A l'égard du troisieme morceau qui vient immédiatement après, M. de Senez, en Orateur qui connoît son art, devoit-il employer une transition pesante & verbeuse, qui a toujours son danger, & pour l'ordinaire est au moins fastidieuse ? Il se sert, comme les Bossuet, les Démosthene, &c. &c. de la liaison de temps; & comme il avoit plusieurs articles délicats à manier, il les accumule habilement dans une énumération animée : tous ces faits, tous ces événements, qu'il n'auroit pu traiter féparément fans s'expofer, il les préfente avec tant de prudence & de précifion, qu'il n'y a perfonne, pas même vous, Monfieur, fi je vous pénetre bien, qui ne l'en ayez loué intérieurement.

Je fais toutes ces demandes préliminaires, Monfieur, pour mettre votre fagacité dans un plus grand jour, puifque du premier morceau vous entreprenez de faire tirer à votre Lecteur cette étrange conféquence, que M. de Senez eft au moins un féditieux, pour ne pas dire un criminel d'Etat; du fecond morceau celle-ci, que c'eft un Orateur mal-adroit, ou qui choifit mal fes matériaux, ou qui n'en fait pas tirer tout le parti qu'il pourroit; du troifieme cette autre, que non-feulement c'eft un homme indifcret, mais que l'on pourroit encore le foupçonner de méchanceté & de noirceur. Examinez bien, Monfieur, fi je prouve ce que j'avance.

Obfervation premiere fur le premier morceau. „ Louis parle à fes Peuples : *Malheu-*
„ *reux Princes que nous fommes ! nous de-*
„ *venons ..... les fléaux de ces mêmes Peu-*
„ *ples dont nous croyons être les bienfaiteurs*
„ *& les peres.* Quoi, Monfieur, Louis, ce
„ Roi doux, clément, modéré, a été le fléau
„ de fon Peuple ! & c'eft dans fon Eloge fu-

» nebre, qu'on nous le dit. » C'est-à-dire, n'est-il pas vrai, Monsieur, qu'un homme, qui ose parler de la sorte, n'est pas moins qu'un rebelle, un séditieux ? M. de Senez est donc un criminel d'Etat. Or comment faites-vous, Monsieur, pour arriver là ? Vous commencez par ne pas avertir que l'Orateur paraphrase cette Lettre si belle, si touchante d'Assuérus à ses peuples, ch. 13-16 d'Esther, au sujet des horribles vexations du superbe Aman. Vous supposez que c'est M. de Senez qui fait parler le Roi; vous prenez ensuite le moins de phrases qu'il vous est possible, & celles précisément qui paroissent se prêter le mieux à votre dessein; encore y trouvez-vous de petites phrases incidentes, trop favorables à M. de Senez, comme nous devenons, *sans le savoir, dont nous voulons;* & vous les supprimez. Après quoi vous pensez pouvoir pousser impunément cette exclamation, quoi! Louis.... a été le fléau de son Peuple! & c'est *dans son Eloge funebre* qu'on nous le dit!

Encore, Monsieur, n'y gagnez-vous rien; vous avez beau donner la torture à ces phrases séparées de leur texte; toutes décharnées, toutes appauvries qu'elles sont de leur esprit, encore réclament-elles contre vos violences; elles rejettent, avec indignation, le faux sens, & le sentiment de révolte que vous leur fuggérez : malgré vous, elles expriment celui de M. de Senez ; elles font encore entendre cette douleur d'un bon Roi, d'un pere de fes peuples, qui apprend, avec le plus vif déplaifir, qu'un ferviteur fcélérat a indignement abufé de fon autorité, pour les vexer & les opprimer. Hélas ! fe dit-il à lui-même, j'aurai donc été, fans le favoir, le fléau de mes Peuples ; eux dont je voulois, dont je croyois être le bienfaiteur & le pere ! Eh bien ! Monfieur, lequel de M. de Senez, ou de vous eft le coupable ? Paffons à votre feconde obfervation.

» C'eft apparemment pour continuer de
» nous affliger, qu'on nous rappelle l'atten-
» tat odieux de 1757 : au moins fi la fimili-
» tude de Henri IV & de Louis XV, tous
» deux en butte à la fureur de leurs affaf-
» fins, avoit amené une comparaifon éten-
» due, & *fi naturelle* des qualités *homogenes*
» de ces deux bons Princes ! Mais on nous
» dit briévement que ce font les plus clé-
» ments, les plus humains de nos Rois :
» deux mots de louange, & des pages en-
» tieres d'animadverfion. » Voilà donc M. de Senez un Orateur mal-adroit, qui continue à affliger fes Auditeurs, faute de bien choifir fes matériaux & d'en tirer parti. J'appelle cela, Monfieur, de l'humeur : échauffez-vous, comme nous, du feu qui a pro-

duit & qui enflamme cette riche paraphrafe; & vous jugerez que ce fecond morceau eft un fentiment de douleur qui naît, on ne peut plus naturellement, de cette bonté d'Affuérus & de Louis, & qui rappelle auffi-tôt à l'efprit cet horrible attentat contre Henri & contre Louis, comme un forfait inconcevable; auffi nous n'avons pas trouvé fingulier que M. de Senez en parlât. ″ Mais ″ cette idée devoit au moins amener une ″ comparaifon étendue, & *fi naturelle* des ″ qualités *homogenes* de ces deux bons Prin- ″ ces. ″ Point du tout, Monfieur; l'Orateur n'avoit garde d'y penfer dans la chaleur de fa compofition; à la bonne heure, un jeune Ecolier de Rhétorique pourroit y voir la place d'un long parallele; mais on lui feroit remarquer que, *plus ce parallele feroit étendu*, plus il refroidiroit ce morceau; que ce feroit une mal-adreffe d'autant plus grande, que ce parallele fe trouve fait d'une maniere indirecte & bien plus délicate dans la paraphrafe, où nous voyons Affuérus, Henri IV & Louis XV, avec leurs qualités admirables, en action; cette bonté, cette humanité, cette tendreffe paternelle pour leurs peuples: diriez-vous après cela, *deux mots de louange?* Tout eft louange pour le Roi, & tout eft animadverfion pour les ferviteurs infideles: il n'y en fauroit trop avoir.

Dans

Dans votre troisieme observation, vous débutez encore par une infidélité, pour faire un misérable jeu de mots sur les termes, *Prélat & absoudre ?* » Immédiatement à la » suite de cette horreur, dites-vous, dont » le Prélat absout avec justice, & le siecle, » & la Nation, s'attendoit-on à trouver la » rivalité, &c ? Citez, Monsieur, la phrase telle » qu'elle est, *la douleur & l'horreur, &c.* » *absout en ce moment.* » Et vous n'aurez plus à plaisanter, ni sur le mot *Prélat*, ni sur le mot *Absout.* » Immédiatement à la suite » de cette horreur, s'attendoit-on à trouver » la rivalité qui a soulevé la Puissance civile » contre la Puissance sacrée ? Quelle liaison » peut-il y avoir entre le poignard d'un fou » isolé, & l'une ou l'autre de ces deux Puis- » sances ? quelle transition au désastre de la » Société de Jésus ? »

Qu'entendez-vous, Monsieur, par immédiatement à la suite de cette horreur ? Parlez-vous de cet affreux attentat, ou du second morceau où il en est question ? Quoi qu'il en soit, je vois bien que vous trouvez fort mal que M. de Senez en ait parlé : M. de Senez n'est pas assez difficile (dites-vous, page 30,) sur le choix de ses matériaux : nous avons assez prouvé qu'il ne peut en être blâmé ; mais si c'est une horreur que de parler de cet attentat, on a donc eu tort de faire des Oraisons Funebres pour notre bon Roi Henri IV. Car cette horreur devoit revenir presque à chaque page : jugez si votre délicatesse est bien fondée.

Venons à quelque chose de plus sérieux. Vous demandez quelle liaison il peut y avoir entre le poignard d'un fou isolé, & l'une ou l'autre de ces deux Puissances. Quoi ! prétendriez-vous qu'il y en eût ? Non, puisque vous pensez très-bien que c'est d'un fou isolé : qui seroit-ce donc, qui le prétendroit, & voudroit, avec une méchanceté noire, charger l'une ou l'autre Puissance ? Seroit-ce M. de Senez ? Faisons encore un pas; mais il ne chargeroit pas la Puissance sacrée ; je m'arrête là ! Pourquoi donc faites-vous une semblable question ? Quel est votre dessein ? Ignorez-vous que l'Orateur a le droit d'user de la liaison de temps dans un Discours, comme le Poëte dans un Drame ? Peut-on donner une bonne interprétation à votre censure, sur-tout après ce qui a précédé ? Qu'est-ce encore que cette exclamation ? Quelle transition au désastre de la Société de Jésus; toujours des infidélités ! Vous voudriez faire croire à vos Lecteurs que M. de Senez a traité en particulier l'affaire de la Société, tandis qu'il la joint à plusieurs autres faits, ou événements dans une énumération dont j'ai parlé ci-dessus; on peut la lire : c'est bien là qu'il est question de transition oratoire. Vous blâmez M. de Senez d'en dire trop en trois ou quatre portions de phrases, & vous, vous en faites un article assez long & plus qu'indiscret, comme nous l'avons dit à l'occasion de l'Exorde, dont vous nous faites ici une critique singuliere, que vous placez précisément après ces notes odieuses, afin que le Lecteur prévenu en juge, comme vous voudriez qu'il jugeât de tout le Discours : est-il une affectation plus injuste & plus révoltante ? Car telle est votre marche ; je le répéterai, dussiez-vous m'accuser aussi de battologie ; vous faites d'abord de M. de Senez une espece de pédant, qui va donner des leçons à toute la Cour ; ensuite un homme de mauvaise humeur, qui maltraite, & la Nation, & le Roi lui-même ; un séditieux, qui avance que *Louis a été le fléau de ses Peuples ;* un Orateur peu adroit, qui choisit mal ses matériaux, ou ne sait pas en tirer parti ; un imprudent, qu'on pourroit même soupçonner de méchanceté, tout cela pour le présenter ensuite comme un fanatique, qui se donne, dans son Exorde, pour un Prophete ; en conséquence un parallele, que vous appuyez du suffrage de l'Académie, & dans lequel M. de Boismont ne manque pas d'avoir la supériorité ; viennent après, sur le style en général, & sur celui de M. de Senez

D 2

en particulier, des réflexions fondées sur de nouveaux principes, & des avis à M. de Senez; & vous croyez devoir faire part à la Province d'un Ouvrage aussi rare : vous êtes empressé de savoir ce que nous en pensons. Le voici, Monsieur : il n'est pas possible d'imaginer que, pour faire valoir le Discours de M. de B. & lui donner la préférence sur celui de M. de Senez, vous ayez poussé la mal-honnêteté & l'imprudence à un semblable excès : que vous n'ayez aucun respect pour un Evêque qui en mérite à tous égards, ce n'est que vous annoncer pour un de ces hommes qui cherchent à décrier la Religion, en décriant ses Ministres; mais qu'en vous déshonorant vous-même, vous pensiez honorer M. de B. c'est ce que nous ne comprenons pas. Est-ce donc une affaire d'une si grande importance, que l'on préfere M. de B. à M. de Senez ? Faut-il y mettre tant de chaleur, au point que vous ne sentiez pas que vous compromettez indignement votre ami & l'Académie entiere ? Quel poids peuvent avoir vos éloges de M. de B. si vos critiques contre M. de Senez sont pleines de mauvaise foi ? Quelle idée voulez-vous que nous ayons de votre sincérité ? Celle que nous avons de votre gout, n'est pas meilleure : vous y mettez trop de complaisance, pour que nous ne tentions pas de vous tirer d'une prévention aussi dangereuse.

Page 12 de votre Broch. " Avouons que " le caractere du Roi, que nous regrettons, " étoit le seul *qui convînt aux circonstances*, " *le seul qui pût sauver les restes de la Na-* " *tion, échappés à la gloire de Louis XIV.* " Quelle expression, Monsieur ! que de sens " elle renferme dans sa hardiesse ! Il y en a " cent de cette espece dans les Discours que " j'ai sous les yeux. " (De qui sont-ils ces Discours ?)

C'est beaucoup trop, que cent expressions pareilles, fussent-elles dans cent Discours, à une seule pour chacun. Vous trouvez, Monsieur, que cette expression renferme un grand sens dans sa hardiesse, & nous, nous ne la croyons ni françoise, ni honnête. D'abord *les restes de la Nation*; cela pourroit peut-être se dire, s'il s'agissoit de la Suede après la mort de Charles XII. Ici l'expression est outrée, & injurieuse pour Louis XIV; *échappés à la gloire*. Gloire se prend toujours en bonne part, ou bien l'on détermine le mot par une épithete, telle que *vaine*, *fausse*, &c. Ici la gloire est figurée comme un monstre vorace : cela n'est-il pas plus que hardi ? Mais, direz-vous, on entend l'ambition d'un Prince qui dévore tout ? Ceci est encore à examiner : Louis XIV est-il en tort d'avoir soutenu son Petit-Fils sur le Trône d'Espagne ? est-il en tort de n'avoir pas toujours été heureux ? &c. &c. Soyons donc plus circonspects à juger nos propres Princes, si nous voulons que les étrangers les ménagent. Le Ministre Saurin étoit plus modéré à la Haye, que M. de B. ne l'est à l'Académie.

Parmi ces cent expressions si heureuses, ne mettriez-vous pas celle-ci, page 9 de M. de B? » Tel étoit le jeune Monarque, seul espoir » de la France ; on le disputoit à la mort ; » on craignoit de le perdre, si on écoutoit » trop la nécessité de l'instruire ; & *le prix* » *du moment anéantissoit l'intérêt de l'avenir.* »

Ces termes de Banquier sont-ils bien là ? Peu ont saisi la pensée de l'Orateur ; & ceux qui l'ont entendue, se sont récriés contre la fausseté du fait, & la calomnie dont se trouvent chargés les instituteurs, puisque Louis XV, pendant plus de vingt ans, *a bien payé*, répondroit un Agent de Change, *l'intérêt* de son éducation. Donc il est encore faux qu'on ait immolé à sa jeunesse la gloire de toute sa vie : ce Prince qui, à vingt ans, étoit l'admiration de toute l'Europe, l'exemple de tous les Rois, le modele des maris & l'amour de tous ses Peuples ! Et l'on décrie son éducation & ses instituteurs !

J'avois oublié, Monsieur, qu'en parlant de cet endroit même, vous nous dites: » Tout » cela est très-bien vu & finement exprimé. »

Il faut donc, Monsieur, que nous soyons ici étrangement bornés, tout cela bien vu & très-finement exprimé ! Et nous, nous ne voyons dans les trois morceaux qui se suivent, p. 8, représentez-vous, &c. vous frémissez, &c. p, 9, quelle force, ou quelle sagesse, &c. nous ne voyons qu'une imagination qui s'égare. Le premier morceau fait antithese avec le troisieme ; comparez-les, vous y rencontrerez la contradiction la plus choquante. Le morceau du milieu nous offre un tableau d'une autre singularité..... » Vous » frémissez, sans doute, Messieurs : car hélas ! » que peut-on espérer de l'éducation d'un en- » fant Roi ! La vérité timide apperçoit le » Trône, dont elle n'approche jamais ; & déja » elle ne se montre plus avec toute la *fierté* » de ses principes & tout l'éclat de sa lu- » miere : molle & complaisante, elle ne bé- » gaie qu'en tremblant, ce qu'elle n'osera » jamais dire, &c. » Que diroit Madame de Ventadour à cette image de la vérité, sous laquelle cette pieuse & tendre Duchesse auroit dû être représentée ? Que dirons-nous de tout ce morceau ? Va-t-il à l'éducation de Louis XV ? N'iroit-il pas plutôt à celle de quelque mauvais Prince que l'on auroit abandonné à tous ses mauvais penchants ? Nous ne finirions pas, s'il s'agissoit d'un examen un peu rigoureux ; & vous vous écriez :

„ Délassons-nous un moment d'admirer, &
„ cherchons quelque chose à reprendre. „
Rien est-il plus fade ? Je dirois, avec
plus de vérité: Délassons-nous donc un moment de reprendre, & cherchons quelque
chose à admirer. Ce n'est pas que je n'en
trouvasse assurément; mais M. de B. n'a été
que trop flatté, & nous en avons un très-
sincere regret. Je ne doute pas qu'il n'ait
rougi de votre prétendu parallele, & que
l'Académie ne vous sache très-mauvais gré
de votre compliment. Eh bien, dit-on ici,
M. de B. sera l'Orateur de l'Académie, &
M. de Senez sera le nôtre & celui de toute
la Nation : l'un vaut bien l'autre : pour nos
Savants, car nous en avons ici quelques-uns:
il faudroit que vous les entendissiez ; comme ils s'expliquent sur ce que vous nous
débitez à la suite de votre parallele, à l'occasion du style de M. de Senez ! Que prétend-il ce nouveau Littérateur, en nous disant que „ bien loin de lui reprocher trop de
„ recherche dans les tours, ou trop de finesse
„ dans les pensées, on remarque, dans toute
„ sa composition, une négligence *assez no-*
„ *ble*, qui supplée au bel esprit par le natu-
„ rel, & qui s'occupe plus de la clarté que
„ de l'harmonie ? „ Qu'entend-il par une *négligence assez noble ?* C'est, sans doute, ce
que nous demandons de tout Ecrivain, ce

généreux oubli de foi-même, pour ne s'occuper que de son sujet, pour n'envisager que ce qu'il a à traiter; cet oubli sans aucun retour d'amour-propre: voilà justement le *sapere* d'Horace, le premier de tous les principes. Nos beaux esprits de la Capitale appelleront cette sagesse, négligence assez noble? approfondissons la pensée de notre Censeur, *une négligence qui supplée au bel esprit par le naturel*. C'est ici, Monsieur, que vous avez mis tout le monde à la torture, après quelques débats; mais, dit quelqu'un de la compagnie, le sens de la phrase est clair; c'est que le naturel chez M. de Senez supplée au bel esprit. Quoi! dit-on, le naturel supplée au bel esprit? le bel esprit est donc au-dessus du naturel? il lui est donc préférable? Eh! quelles sont donc les prétentions de ces Messieurs? si les Ouvrages où domine le bel esprit, l'emportent sur ceux où l'on ne voit que le naturel, Homere, tous les Ecrivains du temps de Périclès, d'Auguste, de Louis XIV, sont donc déchus de leur premier rang? ils doivent donc cesser d'être nos modeles? leurs places seront remplies par les beaux esprits modernes, qui nous parlent un langage que nous n'entendons pas? mais n'est-ce pas là le comble de la vanité & de l'extravagance? Où a-t-il pris une pareille doctrine, ce Réformateur? Renvoyez-le,

Monsieur, renvoyez-le à l'école des Anciens; apprenez-lui ce que c'est que le naturel; mandez-lui bien que nous sommes attachés aux bons principes, & que l'on ne nous séduit pas si facilement; que nous pensons que le beau naturel doit regner dans tout Ouvrage d'esprit, pour peu qu'il soit sérieux; que le bel esprit n'est toléré que par abus; que le naturel n'est autre chose que l'amour du vrai; que c'est cette heureuse habitude de peindre les objets tels qu'ils sont; qu'il devient gracieux, brillant dans une imagination riante & féconde; qu'il est génie dans une ame forte & élevée; que c'est lui qui donne le mérite à toutes les beautés d'images, ou de sentiments; *qu'il ne voit rien de beau, rien d'aimable, que le vrai:* que seul il s'entend à saisir les nuances délicates; à tempérer les couleurs, ou à les fortifier; à dispenser les jours & les ombres; à former ces tableaux, que l'on ne peut assez admirer: après quoi, n'oubliez pas de lui bien peindre le bel esprit, de lui faire sentir combien il est opposé au naturel; que le bel esprit n'a pu être enfanté que par l'amour-propre le plus aveugle; que jamais il ne cherche le vrai; qu'il ne court qu'après le clinquant; qu'il travaille sur un sujet, non pour instruire son lecteur, mais uniquement pour en tirer des étincelles qui rejaillissent sur lui-même & le fassent briller; qu'il rappelle tout à sa vanité; précieux quand il faut être simple; obscur, faux, empoulé, gigantesque, quand il faut être clair, vrai, grand, sublime; qu'il plie la langue à son caprice; qu'il donne aux expressions des sens forcés, & ridiculement métaphoriques; que par crainte de parler, comme les autres hommes, il outre tout, défigure tout & gâte tout, en voulant tout embellir; qu'il ne voit que lui, n'aime que lui; qu'il ne peint que lui; que par-tout il est à lui-même son modele, & ne manque pas de rassasier jusqu'au dégout.

En effet, Monsieur, je ne puis m'empêcher d'être de l'avis de nos Provinciaux. Le bel esprit est une passion; c'est une vraie maladie, qui ôte au jugement le plus sain, toute sa rectitude & sa justesse; qui, où refroidit l'imagination, où l'enflamme, selon ses différents accès. Les hommes médiocres, il les rend impertinents; ceux qui ont du génie, il les met dans les entraves, & leur fait croire qu'ils n'ont jamais bien dit, s'ils se rencontrent avec les gens de bon sens: vous le voyez sensiblement dans la piece de M. de B. c'est un combat perpétuel du bel esprit avec le beau naturel: si le premier l'emporte, ce n'est qu'épigrammes, énigmes, tableaux burlesques; le génie prend-il enfin le dessus? ce sont des choses admirables, encore pourtant le bel esprit s'y glisse-t-il quelquefois, pour déparer un beau morceau, & même à ce moment terrible, où l'Orateur invoque l'esprit de justice & de vérité, qu'il le prie de prendre sa place... p. 36. Il vient encore, cet esprit de mensonge; car tel est le bel esprit, il vient étourdiment mêler ses idées, & gâter tout par des antitheses puériles & de fausses suppositions. Car pouvons-nous dire que l'esprit de vérité adoptera ce morceau dans son entier, p. 37? » La vérité est donc bien » étrangere au Trône, puisqu'elle ne s'en ap- » proche pas dans les moments mêmes où » tout fuit, où il ne reste qu'elle? » (S'il ne reste que la vérité, elle a donc approché du Trône : si elle étoit près du Trône & seule, elle pouvoit donc & devoit parler.) » O Rois, » que vous êtes à plaindre ! votre vie est en » proie au mensonge, & votre mort à la sur- » prise : (ces mots sont presque identiques) » on a trompé vos premiers regards, on trom- » pe encore vos derniers soupirs. » (Tromper les regards, les soupirs, ces expressions sont-elles françoises ici dans le sens de l'Auteur, & les saisit-on bien?) » Telle est la » destinée de Louis, dans ces instants cruels: » le mystere l'environne, rien ne lui désigne » le poison qui le dévore; la Cour, la Ca- » pitale retentit de l'accablante nouvelle; l'é- » tonnement, la terreur, une multitude de

» voix la répete, & la vérité n'en trouve pas » une pour porter ce triste secret à l'oreille » du Prince...» Mais la vérité, suivant la premiere phrase, étoit restée seule auprès du Trône, dans les mêmes moments où tout fuyoit. Voilà donc des idées mal-assorties; mais ne chicanons pas trop. Est-il bien exact de dire que la vérité ne trouve pas une voix pour porter ce triste secret? Des Evêques & des Ecclésiastiques, pleins de zele, ne se sont-ils pas présentés? Je sais que les factions, les intrigues..... mais dans tout le reste, combien de phrases encore qui ne seroient pas du gout de nos Prophetes? Ils ont eu pourtant le véritable maître en éloquence; le seul maître que devroient connoître toutes les Académies & toutes les Ecoles du monde, cet esprit de vérité, auquel il faut rapporter tout ce qu'il y a de vrai, de beau, non-seulement dans les Auteurs sacrés, mais même dans les profanes, Païens, ou autres; car ne dirons-nous pas d'eux, comme de nous: *Signatum est super nos lumen vultûs tui Domine?* C'est lui qui nous dit, par la bouche de notre Poëte, *rien n'est beau que le vrai; le vrai seul est aimable...* Vérité dans les pensées, vérité dans les images, vérité dans les expressions; de la vérité en tout; de l'ordre, du génie, une connoissance plus que médiocre de la langue, & l'on ne manquera pas d'être un bon Ecrivain ; sans que jamais le bel esprit y entre pour quoi que ce soit. Voilà les vrais principes, les seuls capables de former de grands Orateurs, pour le Barreau, comme pour la Chaire ; de grands Poëtes, de grands Historiens, de grands Auteurs dans tous les genres d'éloquence ; Poésie, Histoire, Peinture, Musique, &c. En un mot considérez, Monsieur, les choses de plus près, & vous trouverez dans cette piece deux caracteres diamétralement opposés ; l'un du bel esprit, & l'autre du génie : on diroit que c'est la production de deux Orateurs, d'un gout tout différent. Rien n'est plus fâcheux : si ces Messieurs y faisoient attention, ils ne reconnoîtroient, dans le bel esprit, que vanité & sottise ; car, je vous demande, quel est son but ? Selon moi, il annonce à ses Auditeurs qu'il a bien plus de finesse qu'eux ; que ses saillies méritent bien qu'ils battent des mains, ou souvent c'est un mauvais Comédien qui flatte mal-adroitement, & devient incommode par ses basses souplesses. Un bon Acteur sait bien mieux charmer ses spectateurs, en imitant le beau naturel. N'a-t-on pas droit de se moquer d'un homme assez gauche, pour prendre tout le contre-pied de l'amour-propre, qu'il révolte ? Vous voulez enlever les suffrages ; ne pensez qu'à traiter votre sujet en homme plein de jugement & de génie, & vos envieux même rougiront de ne pas se joindre à vos admirateurs. Non, Monsieur, non, le bel esprit ne fera jamais une fortune complete; ne vous le promettez pas; il a rendu Séneque le plus ridicule des Tragiques, & le plus insipide des Poëtes; tous ses imitateurs auront le même sort. Nous avons d'excellents Critiques qui réclament, avec le plus grand zele, contre le bel esprit; écoutez leurs conseils; vous me paroissez un peu atteint de cette maladie; sans avoir autrement de principes, vous croyez pouvoir donner des avis à M. de Senez; vous voudriez qu'il écrivît avec plus de peine : ah! qu'il s'en garde bien; M. de B. ne s'entend pas justement dans les endroits où il s'en est donné trop. Nous aimons bien mieux la facilité de M. de Senez & sa clarté, à la battologie près, dont vous auriez dû nous donner quelques exemples. Je sais bien qu'il y auroit quelques négligences à reprendre; mais disons, avec Horace:

Verùm ubi plura nitent in carmine, non ego paucis
Offendar maculis, quas aut incuria fudit
Aut humana parùm cavit natura...

Il n'y a pas d'Ouvrage qui n'ait des traces de la foiblesse humaine; mais il mérite des égards, sur-tout lorsque ces petites fautes ne retardent pas la véhémence naturelle de l'Orateur. Ici, Monsieur, vous reconnoissez dans M. de Senez une véhémence naturelle; & une ligne plus bas, vous ne trouvez dans son style que de la simplicité, qui ne manque pourtant pas de chaleur: accordez-vous donc avec vous-même. Un style simple, qui est pourtant véhément, nous n'y entendons rien.

Voulez-vous donc, Monsieur, me permettre de finir, avec notre franchise provinciale? Je préférerois à vos réflexions, celles de la bonne servante de Moliere. Dans le vrai, je crois qu'en fait d'Ouvrage de sentiment, des Dames bien élevées, mais pourtant pas trop précieuses, jugeroient mieux que tous les Savants & toutes les Académies. Elles ont le sentiment plus vif & plus fin que nous, & se connoissent mieux en beau naturel. Consultez-les, & j'ose vous assurer qu'elles décideront pour M. de Senez. Les Dames s'amusent bien, comme les hommes sensés, du bel esprit; elles en badinent; mais elles n'en sont point la dupe.

Vous auriez reçu, Monsieur, cette réponse plutôt, si le temps me l'eût permis, & si je l'eusse travaillée avec moins de répugnance: il y a des vérités qu'il est infiniment désagréable à dire; je souhaite que vous en profitiez; je puis vous protester que je n'y ai d'autre intérêt, que celui de la

Religion

[65]
Religion que vous respectez trop peu dans M. l'Evêque de Senez, & celui de la saine littérature, qui ne va qu'en dépérissant depuis que le bel esprit s'est si malheureusement accrédité.

Je n'en suis que plus sincérement,

MONSIEUR

A Ch. en B. ce 18 Novembre 1774.

Votre très-humble & très-obéissant serviteur,
Le Secrétaire de l'Ami de Province.

Il faut, Monsieur, que vous vous soyez trompé dans les dates de vos deux Lettres, sur-tout de la premiere, qui est du 2 Août; l'approbation du Discours de M. de Boismont n'étant que du 30 Juillet: quand ce Discours auroit été donné à l'Imprimeur le 31, il n'est pas possible qu'il ait été répandu le 2 Août, bien moins encore que vous en ayez fait l'extrait le même jour. Cette Analyse, comme celle du Discours de M. de Senez, s'est faite avec une certaine réflexion; l'une & l'autre n'ont pu s'imprimer & se distribuer qu'au commencement de Septembre; ainsi il n'est pas étonnant que nous ne les ayons reçues que dans les premiers jours d'Octobre.

E

Pour ma Lettre, je ne l'acheve qu'aujourd'hui, 18 Novembre : nous n'avons pas ici d'Imprimeur à notre bienséance; je ne puis donc qu'en charger un ami, qui fera probablement toutes les diligences nécessaires pour vous la faire parvenir. Au reste, quand elle ne paroîtroit qu'après le deuil, ce ne seroit pas un grand malheur; elle servira de clôture à toutes les Oraisons Funebres.

www.ingramcontent.com/pod-product-compliance
Lightning Source LLC
LaVergne TN
LVHW021726080426
835510LV00010B/1159